CATALOGUE

D'UNE BELLE COLLECTION

DE

DESSINS

Anciens & Modernes

DES ÉCOLES

FRANÇAISE, HOLLANDAISE & ITALIENNE

Formant la Collection d'un Amateur distingué

DONT LA VENTE AUX ENCHÈRES PUBLIQUES AURA LIEU

HOTEL DES COMMISSAIRES-PRISEURS

RUE DROUOT, 5

SALLE N° 4, AU PREMIER ÉTAGE

Le Vendredi 30 Janvier 1863, à deux heures précises

LE CATALOGUE EST RÉDIGÉ PAR M. V. LOUTREL

M⁵ DELBERGUE-CORMONT, Commissaire-Priseur,
rue de Provence, 8,

Assisté de **M. CLÉMENT**, Mᵈ d'Estampes de la Bibliothèque Impériale,
rue des Saints-Pères, 3,

CHEZ LESQUELS SE DISTRIBUE CE CATALOGUE.

EXPOSITION PUBLIQUE

Le Jeudi 29 Janvier 1863, de une heure à quatre heures.

PARIS — 1863

CONDITIONS DE LA VENTE

Elle sera faite au comptant.

Les Acquéreurs paieront en sus des adjudications, CINQ CENTIMES PAR FRANC applicables aux frais.

Les Dessins dont nous donnons ici le Catalogue, quoique peu nombreux, pourront compter, nous n'en doutons pas, parmi les plus beaux que nous ayons vus passer en vente depuis quelques années.

Notre but n'est pas de nous étendre sur chaque œuvre en particulier ; qu'il nous suffise de citer *la Flagellation*, de Sébastien del Piombo, où le sentiment le plus profond s'allie à une ampleur de style digne de Michel-Ange, qui, nous ne sommes pas éloigné de le croire, a dû mettre la main sur cette belle et importante page. De Michel-Ange lui-même, une étude à la pierre d'Italie, d'un des prophètes de la chapelle Sixtine, d'une tournure et d'un grandiose que lui seul savait donner habituellement à toutes ses figures. *Les Saintes Femmes au tombeau*, de Paul Véronèse, composition très-importante. Un magnifique Dessin de Perino del Vaga.

Dans l'École Française, c'est Poussin, avec une composition belle et simple comme un bas-relief de

Phidias, Claude Lorrain et un paysage tout resplendissant de lumière. Géricault, avec une superbe étude d'un mameluck et son cheval. Prud'hon, avec une délicieuse tête de jeune fille.

Plus loin, Rubens nous montre Silène tout empourpré du jus de Bacchus. Van Dyck, avec le portrait de Cornelius Schut d'une élégance et d'une distinction inconnues à notre époque. Cuyp et sa forêt ombreuse, pleine d'une délicieuse fraîcheur. Bakuizen, le peintre de la mer, si émouvant, si vrai, et van Huysum que nous n'avons jamais vu aussi splendidement représenté, ni si ravissamment inspiré. Nous n'en dirons pas davantage, nous semblerions douter des véritables Amateurs qui, nous sommes heureux de le constater, ne font jamais défaut, lorsqu'il s'agit de Collections formées comme celle-ci avec un sentiment si vrai et si éclairé des arts.

Victor LOUTRET.

DÉSIGNATION

DES DESSINS

ASSELYN (Jan)

Né en 1616, mort en 1660.

1 — Fabriques italiennes.

A gauche, dans l'ombre, une maison italienne se continuant jusqu'aux ruines d'un ancien monument à arcades, qui domine le paysage sur le premier plan, éclairé par un coup de soleil; deux hommes, dont l'un est couché et l'autre assis, vu de dos, causent ensemble.

Joli dessin à l'encre de Chine d'un bel effet.

Hauteur, 25 c. Largeur, 38 c.

BARBIERI (Gioan Francesco), dit LE GUERCHIN

Né en 1591, mort en 1666.

2 — Une jeune femme assise, légèrement couverte d'une draperie, prend des mains de l'Amour un miroir dans lequel se reflette son image.

Dessin sur papier blanc au crayon rouge.
Collection Vallardi.

H. 18 c L. 19 c.

BAKHUIZEN (LUDOLPH)

Né en 1631, mort en 1709.

+ **3 — Marine.**

Sur le premier plan à gauche, quatre pêcheurs causent ensemble; sur la mer, une frégate anglaise salue d'un coup de canon d'autres bâtiments.

Ce dessin, à l'encre de Chine, le plus beau connu de ce maître a, par sa qualité, tout le mérite d'un tableau à l'huile. (Encadré.)

Col. Goll, 1833, Cranenburgh et Norblin fils.

H. 26 . L. 35 c.

+ **4 — Marine.**

Une digue au premier plan, sur laquelle est un marin enroulant autour d'un pieu l'amare d'un bateau pêcheur qui cargue ses voiles. Plus loin deux vaisseaux.

Ravissant dessin au bistre.

Collection Goll, 1833.

H. 10 c. L. 20 c.

+ **5 — Une Plage.**

A gauche, au premier plan, un pêcheur, tenant un panier et portant une gaffe sur son épaule droite, revient de la mer; il est accompagné d'un jeune garçon portant sur son dos une corbeille de poisson. Un petit chien est devant eux. Plus loin, à droite, quelques pêcheurs et pêcheuses sont occupés à décharger des paniers de poissons d'un bateau de pêche; la mer au fond.

Cette belle aquarelle, d'une grande finesse de ton, est une pièce excessivement rare, Backhuysen n'ayant fait que très-peu de dessins à plusieurs tons.

Collections Goll, 1833, et Cranenburgh.

H. 10 c. 1.2. L. 15 c.

6 — Un Concert.

Dans un riche appartement, sept personnes sont réunies et font de la musique; une jeune femme debout, près d'un clavecin, donne l'accord; Derrière, eux hommes, dont l'un tient une basse et l'autre un violon, accordent leur instrument; au premier plan, un autre personnage assis tient également un violon. Costumes Louis XIV.

Ce dessin à l'encre de Chine, d'un effet charmant, et très-bien composé, est une pièce également très rare, Backhuysen ne peignant ordinairement que des marines.

H. 12 c. 1. 17 c. 1/2.

7 — Jeune femme jouant de la guitare.

Une jeune femme, assise sur une terrasse, qui laisse voir un fond de paysage, joue de la guitare; derrière elle est un petit nègre tenant un perroquet sur son doigt.

Joli dessin à l'encre de Chine. Rare.

H. 16 c. L. 14 c.

BERGHEM (Nicolas)

Né en 1624, mort en 1683.

+ 8 — Paysage.

Un muletier conduisant deux ânes, dont l'un est bâté, accompagné d'un homme enveloppé d'un manteau, et précédé d'un chien.

Très-beau dessin sur papier blanc, à la plume et à la sépia; signé et daté 1616, dans le haut, à gauche; ce dessin est gravé par J. Visscher. (Encadré.)

Collections Claussin, Van den Zande.

H. 15 c. L. 20 c.

BOUCHER (François)

Né en 1704, mort en 1770.

9 — Étude de jeune femme vue de dos, en costume Pompadour.

Ce charmant dessin, sur papier gris, au crayon noir, rehaussé de blanc, captivera, nous n'en doutons pas, les amateurs de cette époque si attrayante.

H. 49 c. L. 29 c.

BUONAROTTI (Michelagnolo)

Né en 1474, mort en 1564.

10 — Étude d'un des prophètes de la chapelle Sixtine.

Dessin empreint d'un grand caractère, qui vous saisit d'une profonde impression; à la pierre d'Italie sur papier blanc. Richement encadré.

Collections Sir J. Reynolds, lord Spencer et T. Lawrence.

H. 28 1/2 c. L. 23 c.

BERNIER

11 — Portrait d'homme à barbe. Il est vêtu en magistrat de l'époque Henri IV.

Dessin aux crayons noirs et rouges. Il est signé et daté 1634.

H. 17 c. L. 12 c. 1/2.

CAGLIARI (Paolo), dit PAUL VÉRONÈSE

Né en 1532, mort en 1588.

12 — Les Saintes Femmes au tombeau. Dans le haut, la Sainte-Trinité, entourée de tous les prophètes, rayonne dans toute sa gloire.

Ce grand et magnifique dessin est certainement la page la plus importante que nous ayons jamais vue de ce maître; il est digne de figurer dans les plus belles galeries. (Encadré.)

Collections T. Lawrence et Norblin fils.

H. 61 c. 1/2. L. 41 c.

CALDERA (Polidore), dit POLIDORE DE CARAVAGE

Né en 1495, mort en 1543.

13 — Le Christ portant sa croix sur le Calvaire.

Sujet en hauteur d'une belle ordonnance, esquisse du seul grand tableau que ce maître ait produit. Magnifique dessin au bistre rehaussé de blanc.

Collections Mariette, Lagoy, lord Spencer et T. Lawrence.

H. 31 c. L. 22 c.

CARRACCI (ANNIBAL)

Né en 1560, mort en 1609.

14 — Deux Dessins sur une même feuille. Têtes de jeunes hommes. Études. Le second est coiffé d'un chapeau.

Dessins au crayon rouge, d'un beau modelé et d'une grande fermeté.
Collection Goll.

H. 12 c. L. 9 c.

CHARDIN (J.-B.)

Né en 1699, mort en 1779.

15 — Charmante étude.

Une tête de cheval et quelques accessoires, tels que collier et selle.

Dessin sur papier gris, aux crayons rouge et noir, et quelques rehauts de blancs.

Collection Van Os.

H. 20 c. L. 18

CUYP (ALBERT)

Né à Dordrecht en 1605.

16 — Paysage, lisière de forêt.

Ce superbe dessin a la vigueur et la fermeté de ton, unis à cette belle lumière, qui font de ce maître un des premiers de l'école hollandaise.
Au bistre sur papier blanc,

Collection Norblin père.

H. 37 c. L. 18 c.

DIETRICH (CHRISTIAN-WILHEM-ERNEST)

Né en 1712, mort en 1774.

17 — Paysage.

Intérieur de forêt traversé par un chemin creux.
Dessin sur papier blanc, à la plume et au bistre, d'un effet piquant.
Collections Mariette, Denon et Van Os.

H. 15 c. 1/2. L. 20 c.

DUJARDIN (Karel)

Né en 1635, mort en 1678.

18 — Paysage.

Sur le premier plan, un âne vu de dos ; plus loin, un homme suivi d'un chien, se dirige vers une rivière encaissée par des rochers, et un beau groupe d'arbres au fond.

Ce beau dessin à la plume et lavé au bistre, est d'un effet très-piquant et doit être signalé comme un diamant du maître, qui en fit un tableau. Gravé dans l'œuvre de Charles Blum.

Collections de Vos, 1833, Van Os.

H. 14 c. L. 18 c.

DYCK (Antoine Van)

Né en 1599, mort en 1641.

19 — Portrait de Cornelius Schut. (Gravé par Vosterman.)

Nous nous abstiendrons de décrire cette belle œuvre, laissant aux amateurs le soin d'en apprécier toute la beauté.

Largement traité au bistre. (Encadré.)

Collections Goll, Cranenburg et Norblin fils.

H. 23 c. L. 17 c. 1/2.

ESSELENS

20 — Paysage.

A droite, quelques figures sont assises sur un petit monticule ; au fond, on aperçoit une rivière.

Dessin à la plume et à l'encre de Chine. Rare.

Collections W. Esdaile et Van Os.

H. 14 c. 1/2. L. 21 c.

FATTONE

21 — Petite figure drapée à l'antique et appuyée, à gauche, sur un fût de colonne.

Dessin au bistre d'une grande finesse d'exécution.

Collection Vallardi.

H. 15 c. L. 7 c.

GELÉE (Claude), dit CLAUDE LORRAIN

Né en 1600, mort en 1682.

+ 22 — Paysage.

A droite, belle silhouette d'arbres. Deux hommes se dirigent vers une rivière sur laquelle est jeté un pont aboutissant à une tour carrée, qui le ferme; à gauche, vers le centre, beau groupe d'arbres laissant apercevoir la campagne. Quelques montagnes dominent l'horizon.

Ce grand et superbe dessin à la plume, lavé d'encre de Chine, est une de ces compositions, comme lui seul et le Poussin savaient les traiter. D'un vigoureux aspect et d'une belle exécution, cette pièce peut être considérée comme un des beaux dessins du maître. (Encadré.)

H. 20 c. L. 30 c. 1/2.

GÉRICAULT (Théodore)

Né en 1790, mort en 1824.

23 — Étude de cheval.

Un mameluck à pied cherche à maintenir son cheval; dans le fond, on aperçoit des cavaliers portant des étendards.

Cette splendide étude à la plume, lavée de sépia et d'encre de Chine, avec rehauts de blanc, a été lithographié, par E. Leroux. (Encadré.)

H. 19 c. L. 24 c.

GILLOT (Claude)

Né en 1673, mort en 1722.

24 — La Descente de croix.

Beau dessin au bistre.

Collection Van den Zande.

H. 11 c. 1/2. L. 17 c. 1/2.

GREUZE (J.-B.)

Né en 1734, mort en 1807.

25 — Tête de jeune femme.

Belle étude sur papier blanc, grandeur nature. Au crayon rouge. (Encadrée.)

H. 39 c. L 31 c.

HUYSUM (Jan Van)

Né en 1682, mort en 1749.

26 — Riche bouquet de fleurs dans un vase, sur lequel figure un Amour ; à gauche, un nid d'oiseau.

Ce splendide dessin à l'encre de Chine et à l'aquarelle, largement et habilement traité, est, dans son genre, sans rival, nous pouvons le dire sans crainte d'être démenti.

Collection Norblin fils.

H. 47 c. L. 33 c.

HOOGSTRATEN (Samuel Van)

27 — Portrait d'un jeune homme.

Il est vu de face, coiffé d'un chapeau et appuyé sur une fenêtre ; il tient de la main droite un crayon et semble dessiner sur quelques feuilles de papier placées devant lui.

Très-beau dessin au bistre, rappelant, par sa finesse et sa fermeté, les beaux dessins de Rembrandt.

Collections Ploos Van Amstel et Van Os.

H. 17 c. L. 13 1/2 c.

KAUFFMAN (Angelica)

Née en 1741, morte en 1807.

28 — Marc-Antoine quittant Cléopâtre.

Dessin au bistre d'un joli sentiment, et largement traité. (Encadré.)
Collection Duménil.

H. 32 c. L. 26 c.

LAGNEAU

Il peignait vers 1610.

29 — Portrait d'homme chauve, à barbe blanche.

Il est enveloppé d'un grand manteau.
Beau dessin sur papier gris, aux crayons noir, rouge et blanc.
(Encadré.)

H. 37 c. L. 27 c.

LEPICIÉ

30 — Portrait de Bertaud.

Vieillard coiffé d'un bonnet, il tient son instrument d'une main, et de l'autre appuie son archet sur un cahier de musique.

Dessin au crayon rouge. (Encadré.)

Ovale.—Diamètre, 28 c.

LINGENBACK (Johan)

Né en 1625, mort en 1687.

31 — Composition de dix figures.

A droite, un portique de palais, duquel sortent un homme et une femme vêtus à la turque; derrière eux, un petit nègre tient au-dessus de leur tête un large parasol; devant eux et leur faisant une profonde révérence, est un personnage qui paraît leur offrir ses services. En avant de ce groupe, à droite, deux hommes lisent une affiche, et à gauche, au premier plan, deux autres sont assis et fument.

La scène se passe dans un port de mer.

H. 14 c. L. 19 c.

32 — Dessin dans le genre du précédent.

Deux hommes, dont l'un habillé en Turc et l'autre portant un costume Louis XIII, se saluent courtoisement; derrière le premier est un nègre portant un grand parasol fermé; un quatrième personnage, coiffé d'un grand feutre et l'épée au côté, les regarde; à droite, des marins causent ensemble; du côté opposé, deux colonnes indiquent l'entrée d'un palais.

La scène se passe également dans un port de mer.

Ces deux charmants dessins, formant pendant, sont rares à rencontrer de cette finesse. Lavés à l'encre Chine.

H. 14 c. L. 19 c.

MAZZOLA (Francesco), dit LE PARMESAN

Né en 1503, mort en 1540.

33 — Deux figures nues. Études. Un jeune homme vu de dos.

Ce beau dessin à la plume sur papier teinté, porte la date de 1552.

Collections Th. Lawrence et Nils Bark.

H. 29 c. 1/2. L. 29 c. 1/2.

+ 34 — Un Ange, les ailes étendues, et tenant une épée dans chaque main.

Petite figure aux deux crayons, rehaussées de blanc.

Ravissant petit dessin sur vélin.

Collections T. Lawrence et Nils Barck.

H. 10 c. L. 7 c.

MOUCHERON (FREDERICH)

Né en 1635, mort en 1686.

35 — Riche paysage.

Le point de vue, pris d'un peu haut, laisse voir une grande étendue de pays; le premier plan, vigoureusement accentué et un peu dans l'ombre, laisse tout le reste en pleine lumière; à gauche, une belle fabrique italienne; au fond, des montagnes se croisent les unes derrière les autres; on aperçoit entre elles quelques villages.

Grand et beau dessin à l'encre de Chine sur papier blanc très-finement exécuté.

H. 21 c. L. 34 c. 1/2.

NATOIRE (CHARLES-FRANÇOIS)

Né en 1700, mort en 1775.

36 — Portrait d'homme.

Il est assis le bras appuyé sur un coin de table et regarde de côté.

Dessin sur papier gris, aux crayons noir et rouge, avec quelques piqués de blanc. (Encadré.)

Collection Thibaudeau.

H. 37 c. L. 28 c. 1/2.

OMMEGANCK (BALTHASAR-PAUL)

Né en 1755, mort en 1826.

37 — Étude d'arbres et de roseaux au bord d'une rivière.

Délicieux dessin au pinceau et à l'encre de Chine, rehaussé de blanc. Signé.

H. 23 c. L. 23 c.

OUDRY (J.-B.)

Né en 1686, mort en 1755.

38 — Combat de cygnes.

Dans un marais, des cygnes se livrent un combat acharné.
Beau et grand dessin au crayon rouge. Très-important. (Encadré.)

H. 32 c. L. 50 c.

OSTADE (Adrian Van)

Né en 1610, mort en 1650.

39 — Deux petits Dessins sur une même feuille. Un fumeur vu de profil, et un autre vu de face.

A la plume, lavés en couleur.

H. 6 c. L. 5 c.

40 — Deux Dessins sur une même feuille. Un Fumeur sur chaque Dessin.

A la plume, lavés en couleur.

H. 6 c. L. 5 c.

PALMERIUS

41 — Paysage.

Dessin à la plume.

Diamètre, 18 c.

PERINO DEL VAGA (dit) BUONA-CORSI (Piétro)

Né en 1500, mort en 1547.

+ 42 — Présentation au Temple.

Au centre, le grand pontife auquel on présente N.-S. Jésus-Christ; devant lui, un enfant tient les Tables de la loi; à droite et à gauche, des vieillards regardent la scène; au-dessus du groupe principal s'ouvre le sanctuaire, où brillent les lampes sacrées.

Cet admirable dessin, longtemps attribué à Raphaël, rappelle, par son ampleur de style et sa tournure, Michel-Ange et Sébastien del Piombo. Au bistre.

Collections Mariette, Lagoy, T. Dimsdaile et T. Lawrence.

H. 20 c. L. 15 c.

† 43 — Lucrèce, au milieu de ses suivantes, est surprise par le retour imprévu de son époux.

Ce beau dessin, d'une belle ordonnance et d'un effet saisissant, avait été acheté à la vente de sir T. Lawrence, sous le nom de P. Véronèse. Mais nous avons cru devoir lui restituer son véritable auteur.

(Au bistre et encadré).

Collections Lagoy et T. Lawrence.

H. 27 c. L. 19 c.

POUSSIN (Nicolas)

Né en 1594, mort en 1663.

† 44 — Sujet mythologique.

Ce dessin, empreint d'un beau caractère antique, est digne, par la pureté des lignes, et la grâce des contours, des plus belles productions de ce maître.

Au bistre. (Encadré.)

H. 16 c. L. 22 c.

PRIMATICCIO (Francesco)

Né en 1504, mort en 1570.

† 45 — Sujet mythologique. Deux figures de femmes assises avec un amour.

Ravissant dessin à la plume et au bistre, sur papier teinté.

Ce dessin, d'une jolie tournure, a dû être fait pour les peintures exécutées par ce maître au palais de Fontainebleau.

Collections Mariette et T. Lawrence.

H. 11 c. L. 16 c.

† 46 — Vertume et Pomone. Allégorie.

Dessin au bistre très-léger.

Collections Mariette et sir F Lawrence.

H. 15 c. 1/2. L. 21 c. 1/2.

† 47 — Diane et Endymion. Allégorie. Pendant du précédent.

Ces deux ravissants dessins ont été exécutés pour les peintures du palais de Fontainebleau. Nous les recommandons à l'attention des connaisseurs.

Au bistre très-blond.

Collections Mariette et sir T. Lawrence.

Ovale. — H. 15 c. 1/2. L. 21 c. 1/2.

PRUD'HON (PIERRE-PAUL)

Né en 1768, mort en 1823.

48 — Tête de jeune fille. Étude faite pour son tableau de *l'Ame s'envolant au Ciel.*

Dessin sur papier bleu, à l'estompe et au crayon blanc, d'une suavité de sentiment et d'un charme tout corrégien.

Collections Boilly, David et Norblin fils.

H. 24 c. L. 22 c.

ROBUSTI (J.), dit LE TINTORETTO

Né en 1512, mort en 1594.

49 — Étude de jeune homme.

Dessin sur papier gris, au bistre, avec rehauts de gouache.

Cette belle étude, faite évidemment pour tableau, est d'une vigueur d'exécution peu commune.

Collection sir T. Lawrence.

H. 29 c. 1/2. L. 18 c.

ROSSO DI ROSSI

Né en 1496, mort en 1541.

50 — Les Travaux d'Hercule.

Il est représenté assommant Cerbère, et un peu plus en arrière, terrassant le bœuf. Au dernier plan se voient trois figures de femmes représentant les Hespérides.

Beau dessin au bistre. Rare.

H. 24 c. L. 36 c.

RUBENS (PIERRE-PAUL)

Né en 1577, mort en 1640.

51 — Silène.

Nous ne décrivons pas cette belle production bien connue par la gravure.

Richement encadré.

Collection Sauvageot.

H. 30 c. L. 26 c. 1/2.

SEBASTIEN DEL PIOMBO (Luciano Sebastiano)

Né en 1485, mort en 1547.

✝ 52 — La Flagellation. Le Christ à la colonne.

Vasari dit : « que Michel-Ange, voulant opposer Sébastien à Raphael, lui fit faire des cartons pour la chapelle de San Martino, qui était mise alors au concours. Sébastien l'emporta, grâce à son protecteur, qui daigna l'aider non-seulement de ses conseils, mais de son propre talent, et c'est ce carton que nous livrons aujourd'hui à la curiosité et au jugement des admirateurs passionnés de cette grande et belle École qui restera toujours le type immortel de ce qui est véritablement beau. »

Collection sir T. Lawrence.

H. 37 c. L. 61 c.

SWANEVELT, dit HERMANN D'ITALIE

Né en 1620, mort en 1690.

✝ 53 — Paysage.

Ce magnifique dessin, tout imprégné d'air et de lumière, à la manière de Claude Lorrain, peut être considéré comme le plus beau que nous ayons vu jusqu'à présent de ce maître.

A la plume et à l'encre de Chine. (Rond encadré.)

Diam., 17 c. 1/2.

TOUZÉ

✗ 54 — La Procession.

Des enfants parodient cette cérémonie. Dessin à l'encre de Chine.
Collection Norblin père.

H. 11 c. L. 17 c.

ULFT (Jacob Van der)

Né en 1627, mort en 1688.

55 — Vue d'un port de mer.

Un chef, entouré de soldats, écoute un homme à genoux qui a l'air d'implorer une grâce. A droite, quelques portiques ; des vaisseaux à gauche, fond de montagnes.

Dessin sur papier blanc, à la plume et lavé d'encre de Chine.

Collections Verstolk de Solen et Van Os.

H. 15 c. L. 20 c.

56 — Port de mer.

Même sujet que le précédent, mais autrement arrangé.

Dessin sur papier blanc, à la plume et lavé à l'encre de Chine. Pendant du précédent.

Même collection.

H. 15 c. L. 20 c.

57 — Vue de la ville de Rome.

A gauche, un palais ; au centre, une fontaine ; plus loin, à droite une colonne monumentale surmontée d'une statue.

Dessin à la plume, à l'encre de Chine, très-spirituel d'exécution.

H. 10 c. 1/2. L. 11 c.

VANNI (Francesco)

Né en 1563, mort en 1609.

58 — Apothéose de sainte Cécile.

La Vierge, tenant l'Enfant Jésus dans ses bras et entourée d'anges dont l'un jette des fleurs, est assise sur le tombeau de la sainte que l'on aperçoit couchée sur le côté, la face contre terre ; deux anges soulèvent une draperie, l'un d'eux tient une couronne au-dessus de la tête de la Sainte.

Charmante composition au bistre. (Encadrée.)

H. 29 c. 1/2. L. 40 c.

VERNET (CARLE)

Né en 1758, mort en 1835.

59 — Course de chevaux à Rome.

Au centre du dessin un cheval blanc qui se cabre est maintenu de la bride par un écuyer, deux autres le tiennent par la queue; à gauche, un cavalier a été renversé à terre par son cheval ; à droite, dans des cases séparées, d'autres chevaux sont arrêtés par la corde qui sert de barrière à la lice.

Ce beau dessin, sur papier blanc, est lavé de plusieurs tons.

Signé et daté, Rome 1820.

H. 17 c. L. 23 c.

WATTEAU (ANTOINE)

Né en 1681, mort en 1721.

60 — Tête d'homme à barbe et à collerette Henri IV.

Joli dessin au crayon rouge. Étude d'après Rubens.
Collections Saint et Norblin père.

H. 16 c. L. 13 c.

61 — Tête d'homme à barbe, représentant un guerrier. Il est vu de profil.

Dessin au crayon rouge, d'après Rubens.
Collections Saint et Norblin père.

Même hauteur et largeur que le précédent.

62 — Tête de satyre.

Dessin au crayon rouge.
Cabinet Saint et Norblin père.

Même hauteur et largeur que les précédents.

63 — Tête de vieillard à barbe. Il est vu de face.

Charmante étude au crayon rouge.

Ces quatre dessins sont très-largement indiqués.

Même provenance.

Hauteur et largeur idem.

64 — Étude d'enfant coiffé d'une toque.

Beau dessin à la sanguine. (Encadré.)

Collections Saint et Norblin père.

H. 15 c. 1/2. L. 11 c.

65 — Deux petits Dessins dans un même cadre.

L'un représente une jeune femme la tête enveloppée d'un fichu ; derrière elle se trouve une fontaine. L'autre est un jeune seigneur Louis XV, le bras appuyé sur un socle.

Dessins à la sanguine, très-spirituellement exécutés et gravés dans l'œuvre de ce maître. (Encadré.)

H. 11 c. L. 7 c.

VELDE (Adrian Van der)

Né en 1639, mort en 1672.

66 — Pâturage.

Des bœufs, des chevaux et des moutons paissent dans un pré.

Charmant dessin à l'encre de Chine.

Collection Van Os.

H. 14 c. L. 20 c.

67 — Paysage.

Un cheval et quelques moutons paissent dans un pré. Dans le fond, un berger est assis à l'ombre de grands arbres placés sur un coteau.

Ce remarquable dessin, d'une grande finesse d'exécution, est excessivement rare de cette qualité. Signé et daté. A la sépia.

Collections Cranemburg et Norblin fils.

H. 13 c. L. 17 c.

WYCK (Thomas)

Né en 1616, mort en 1696.

68 — Vue de ville.

A gauche, vers le fond, des maisons et quelques grands édifices dont les pieds baignent dans une rivière ; à droite, un port sur lequel sont déposés des tonneaux et des balles de marchandises ; deux hommes sont occupés à ranger des caisses.

Grand et beau dessin à l'encre de Chine, très-rare à rencontrer de cette qualité. (Encadré.)

H. 18 c. 1/2. L. 28 c.

MAITRE INCONNU RAPPELANT JULES ROMAIN

69 — Figure de guerrier à mi-corps.

Il est cuirassé et porte sur ses épaules un manteau attaché par une chaînette. Le corps est de face et la tête, vue de profil, semble regarder au loin ; son bras droit, nu jusqu'au coude, s'appuie sur un socle que recouvre un pan de draperie. Il tient dans ses deux mains le bâton de commandement.

Dessin au bistre.

Collection Vallardi.

H. 23 c. 1/2. L. 18 c.

WILLE.

70 — Le Concert dans le parc.

71 — Le Repas.

Ces deux dessins sont à la sanguine, signés et datés.

RENOU et MAULDE, Imprimeurs de la Compagnie des Commissaires-Priseurs, rue de Rivoli, 144.   19371

www.ingramcontent.com/pod-product-compliance
Lightning Source LLC
LaVergne TN
LVHW021744030726
842523LV00003B/894